Fabiana Pintos

¿Por qué nos empeñamos en transformar a las personas?

Fabiana Pintos

¿Por qué nos empeñamos en transformar a las personas?

Los desafíos del liderazgo en las Organizaciones modernas

Editorial Académica Española

Imprint
Any brand names and product names mentioned in this book are subject to trademark, brand or patent protection and are trademarks or registered trademarks of their respective holders. The use of brand names, product names, common names, trade names, product descriptions etc. even without a particular marking in this work is in no way to be construed to mean that such names may be regarded as unrestricted in respect of trademark and brand protection legislation and could thus be used by anyone.

Cover image: www.ingimage.com

Publisher:
Editorial Académica Española
is a trademark of
International Book Market Service Ltd., member of OmniScriptum Publishing Group
17 Meldrum Street, Beau Bassin 71504, Mauritius

Printed at: see last page
ISBN: 978-620-0-35748-9

Copyright © Fabiana Pintos
Copyright © 2020 International Book Market Service Ltd., member of OmniScriptum Publishing Group

Índice

Capítulo 1: Nuevas habilidades para la acción. Habilidades emergentes 7

Capítulo 2: El desafío de liderar un equipo de personas y conocernos en ese rol 15

Capítulo 3: El desarrollo de habilidades personales en el ámbito laboral 19

Capítulo 4: El método DDA: Diagnóstico, Definición y Acuerdo 24

Capítulo 5: Apostar a más 28

Capítulo 6: Algunos aportes prácticos 35

Capítulo 7: Reflexión final 43

Prólogo

Este libro es una reflexión que propone virar nuestra atención hacia aquellos aspectos, características y atributos positivos de las personas (fortalezas), con el propósito de potenciarlos, desarrollarlos y priorizarlos sobre aquellos que no se destacan como una fortaleza, pero que igualmente nos permiten tener un desempeño laboral satisfactorio y desarrollar nuestras potencialidades.

Se propone entonces, no minimizar o desestimar las fortalezas identificadas en las personas ni en nosotros mismos, solo mencionándolas. Por el contrario, la propuesta aquí es poner el foco allí en lo que naturalmente nos destaca, para que continúen significando una fortaleza tanto para nosotros como para los equipos que integramos.

Adicionalmente, este abordaje nos permitirá obtener mejores resultados no solo en el desarrollo de nuestras fortalezas, sino también, en aquellas características que no cumplen con este atributo, y en la de nuestros equipos.

Se propone a lo largo de este recorrido, reflexionar sobre los planes de acción y desarrollo de equipos, orientados a convertir en fortalezas las dificultades, en lugar de potenciar las habilidades ya existentes y llevarlas a su máxima expresión, generando las condiciones adecuadas para ello.

En ese proceso de transformación sustantiva de una característica personal a la categoría de fortaleza, las expectativas, exigencias y condiciones asociadas, generan experiencias menos exitosas que las que surgen cuando el foco está en el desarrollo de las fortalezas ya existentes.

De allí surge la reflexión y la propuesta presente en este libro, así como algunas herramientas que resultan interesantes compartir para pensarnos en el mundo del trabajo y las Organizaciones del Siglo XXI.

Introducción

El presente libro, está orientado fundamentalmente (no únicamente) a toda persona que, en su actividad laboral es responsable de generar y desarrollar un equipo de personas. Es decir, que tiene el desafío de promover un trabajo con la suficiente sinergia y energía que les permita lograr los resultados esperados, generando al mismo tiempo, formas de trabajo saludables, rentables emocionalmente y alineadas a los valores de la Organización.

También, puede resultarle de interés a quienes tienen el gran desafío de trabajar en equipos de Recursos Humanos, y conviven cotidianamente con situaciones relacionadas a la temática aquí abordada.

En muchas ocasiones, quienes cumplen el rol de gestionar efectivamente y desarrollar profesionalmente un equipo de personas, se proponen y plantean como parte de la trayectoria de algunos colaboradores de su equipo, el "desarrollo" o conversión de determinadas habilidades personales no identificadas como fortalezas, siendo el objetivo de esas propuestas que las mismas comiencen a representar un atributo destacado en su persona. Dicho de otra forma, convertir las debilidades en fortalezas.

Dicho desafío, comprende además la particularidad de que estos procesos de transformación son propuestos bajo la consigna de que dichas características se consideran claves para el desempeño de las actuales o nuevas responsabilidades asignadas.

La ecuación que se le plantea en estos escenarios es entonces la siguiente:

Debilidades ⇔ Fortalezas

> Habilidades no percibidas como Fortalezas, convertirlas en tales por la vía de la asignación de responsabilidades y "capacitaciones".

Es entonces en este tipo de escenarios, que surgen y comienzan a generarse las expectativas y programas para "transformar"[1] a través del desarrollo de habilidades, algunos rasgos y características personales en fortalezas en los perfiles del equipo.

Es por ello, que es interesante realizarse algunas preguntas para analizar e idealmente responder juntos.

Algunas de ellas son:

---

[1] Utilizaremos el término "transformar" para hacer referencia al proceso de conversión de características personales identificadas como debilidades en fortalezas claves.

- ¿Qué debemos plantearnos primero: la asignación de nuevas responsabilidades o la identificación y eventual desarrollo de las habilidades necesarias para ello?

- ¿En qué medida es posible "transformar" algunas características personales en al ámbito laboral?

Capítulo 1.
Habilidades emergentes. Nuevas habilidades para la acción.

Con el desarrollo de la tecnología, y el surgimiento de nuevos puestos de trabajo y desafíos, no podemos dejar de considerar que nos enfrentamos a otros cambios relacionados al trabajo y a nuevos desafíos relacionados a los mismos.

En este proceso de cambio, de transformaciones y de nuevos desafíos, no solo debemos considerar el tipo de trabajo o tareas, sino todo lo que se relaciona al mundo del trabajo y a nosotros como trabajadores en estos nuevos escenarios.

En este sentido, la propuesta es poder pensarnos en estas nuevas realidades que nos presenta el mundo laboral y de desarrollo profesional.

A modo de ejemplo, el Foro Económico Mundial en su reporte "El Futuro del Trabajo" ("The future of jobs") destaca las 10 habilidades que debería tener un trabajador para el 2020 y lo comparó con las que se necesitaban en 2015.

Más allá de algunos cambios de orden, se observa que las habilidades relacionadas a la forma que resolvemos problemas complejos, gestionamos equipos de trabajo, tenemos un pensamiento crítico y el desarrollo de la creatividad aparecen en los primeros lugares durante los 5 años.

En esta línea, es que proponemos reflexionar que el cambio no solo comprende puestos, tareas, responsabilidades y transformaciones tecnológicas, sino también, una consideración diferente y mayor respecto a los perfiles profesionales y habilidades personales relacionadas al desarrollo del trabajo.

Muchos de los desafíos actuales se relacionan a la posibilidad de adaptarse de manera satisfactoria al ritmo con el que suceden los cambios, y junto con ello, la flexibilidad y permeabilidad que requieren los mismos, considerando además, que parecieran ser más frecuentes los procesos de transformación a como se concebían tiempo atrás.

Es por ello, que las habilidades personales junto a las profesionales comenzaron a analizarse y alinearse desde otro lugar, ampliando la consideración que se realizaba solo de conocimientos formales hacia la comprensión de otros aspectos relacionados a la experiencia, características personales y actitud hacia el trabajo.

Lo que nos parece interesante compartir, es que los cambios en relación al tipo de trabajo han generado, además, cambios en la forma en la que trabajamos, nos relacionamos y consideramos los procesos asociados al mundo del trabajo.

Entendemos por tanto, importante considerar y mencionar que los cambios y procesos de transformación relacionados al trabajo, comprenden otras dimensiones asociadas directamente al mismo, como lo son la formación y las personas.

La reflexión aquí es sobre la dimensión relacionada a las personas y el impacto de los cambios del mundo del trabajo en ellas, es decir, el foco estará puesto en el trabajador más que en los cambios socio-económicos o tecnológicos relacionados al trabajo.

Es en este escenario, y considerando estos nuevos desafíos a los que nos expone la transformación del mundo laboral, es que hay determinadas habilidades personales que cobran una relevancia mayor, tal es el caso de la resiliencia.

La resiliencia es la capacidad de transformar una dificultad en oportunidad, de superar saludable y constructivamente una situación de crisis o de dificultad.

En este sentido, la capacidad de entender los beneficios de esta habilidad, y poder desarrollarla en el ámbito laboral y personal, entendemos puede aportar sustantivamente al desarrollo de procesos de crecimiento, gestión del cambio y transformación de la persona.

Conceptualizar la resiliencia resulta más sencillo que aplicarla naturalmente. Es por ello por lo que, se deben tener en cuenta algunas consideraciones generales ante una situación de cambio o conflicto, para abordar, transitar y superarla de manera exitosa, considerando el éxito tanto a nivel de resultados, a nivel emocional y de gratificación personal.

Esas consideraciones entonces **se orientan a poder participar desde nosotros mismos en la construcción de nuestra vivencia** respecto a la situación que se nos presenta, no asumiendo anticipadamente impactos solamente negativos y perjuicios, sino por el contrario, oportunidades para re pensar y re construir.

Nosotros podemos transformar nuestra vivencia respecto a este tipo de procesos y situaciones y junto con ello, transformar un conflicto en oportunidad.

Las percepciones respecto a estas situaciones juegan un rol fundamental en la construcción de esa vivencia y por tanto en nuestro accionar respecto a la misma.

Cuando halamos de percepciones, consideramos que las mismas si bien contienen datos e información de la realidad, también comprenden un alto componente de subjetividad y por tanto de interpretación.

Es así como, en lo que refiere a la posibilidad de transformar positivamente la vivencia generada respecto a una situación de cambio o "conflicto", proponemos intentar considerar las siguientes acciones relacionadas al posicionamiento ante las mismas:

1. Antes de cuestionar, interpretar y adjudicar intenciones a las acciones, **preguntar, consultar, despejar dudas y relevar más información** para comprender la situación con el mayor nivel de detalles posible.

De esta forma, no priorizamos la interpretación subjetiva por sobre la realidad, para definir nuestras acciones. Es decir, no evaluamos una situación, reacción o actitud solo desde la adjudicación que le damos de intenciones sino por el contrario, desde la validación y datos objetivos.

Se trata de alcanzar un adecuado nivel de objetividad a la hora de generar una percepción, compartirla y considerarla para responder o participar. Es saludable que esta acción prime por sobre la de adjudicar ligeramente intenciones.

Este tipo de comportamiento tiene muchos beneficios para cada uno, pero también y sobre todo para el ecosistema que integramos (equipos, Organización), ya que permite proponer y mantener conversaciones más constructivas y generar adecuados niveles de empatía.

Si por el contrario a esta propuesta, fundamentalmente se decide evaluar y considerar una situación desde la interpretación subjetiva, no solo estaremos priorizando determinadas intencionalidades (no siempre correctas), sino que también, estaremos generando condiciones para un proceso de reconstrucción o solución, considerablemente más largo, más complejo, de mayor costo y por tanto menos exitoso.

2. **Priorizar, cuidar y fortalecer las relaciones** y los vínculos relacionados a esa situación, procurando así que, las emociones generadas respecto a esa situación no afecten también ese plano.

Si en las situaciones que venimos describiendo (de cambios, de transformación, de nuevos desafíos), no nos permitimos fortalecer nuestras redes, es decir, nuestros vínculos, seguramente el proceso sea no solo más largo, sino significativamente más costoso desde lo emocional y lo profesional.

3. **Simbolizar para permitirnos co-construir** con otros posibles alternativas, resultados, acciones y estrategias.

Simbolizar es la capacidad de poner en palabras las emociones que nos generar las situaciones y las acciones de las personas.

Por tanto, esta habilidad/capacidad, implica poner en palabras el cómo percibimos las situaciones, las acciones y decisiones, pero fundamentalmente el cómo nos afectan desde nuestra vivencia las mismas. Si compartimos la percepción personal, explicitando que es desde esa perspectiva nuestra exposición generamos una experiencia de intercambio, de construcción de realidades más objetivas, y junto con ello, de gratificación por la posibilidad de visualizar oportunidades y desarticular falsas interpretaciones.

4. **Poner foco** en lo que sí podemos cambiar, mejorar o transformar, disminuyendo la energía, la atención y frustración respecto a lo que no podemos cambiar directamente.

El identificar en qué aspectos sí podemos influir con nuestras acciones, nos permite modificar nuestra experiencia y oportunidades respecto a la misma, permitiendo en muchas ocasiones transformar una experiencia de frustración en otra más gratificante.

5. **Enfrentar la incertidumbre.** Esto significa estar dispuestos a que cada desafío, proceso de transformación y experiencia tenga algo por descubrir, repensar, re definir y a partir de allí co-construir con otros.

Esto es parte de las situaciones de cambio y junto con ello de crecimiento.

Si bien no siempre estarán todas las respuestas, sí es importante tener claras las expectativas y las preguntas que nos permitirán ir construyendo esas respuestas.

Aprender a convivir con ciertos niveles de incertidumbre, nos irá dejando espacios necesarios para el desarrollo de nuevas oportunidades.

Para mitigar la sensación de ansiedad que pueden generar los niveles de incertidumbre, la propuesta es reflexionar sobre las expectativas que nos queremos proponer para ese proceso y entender posibles alternativas, relevando, validando y compartiendo información necesaria y oportuna.

6. **Tener las conversaciones necesarias**, promoverlas y desarrollarlas con una escucha activa y apertura al intercambio.

Las conversaciones, nos permiten no solo intercambiar información necesaria y mitigar percepciones erróneas que generen luego acciones también desacertadas; sino también, generar, desarrollar y ampliar nuestra red de vínculos para realizar de manera colaborativa y enriquecedora nuestro trabajo.

En el intercambio y diversidad de opiniones, disciplinas, perfiles y experiencias, se encuentra una de las mayores

oportunidades de complementariedad y enriquecimiento de los equipos.

Capítulo 2.
El desafío de liderar un equipo de personas y conocernos en ese rol

"Los líderes no surgen de la nada. Deben ser desarrollados: educados de tal manera que adquieran las cualidades del liderazgo." Warren Bennis [2]

Si el título de este libro te resultó curioso, interesante, natural, o por alguna otra razón te identificaste con él, y, además, liderás un equipo de personas, te propongo comenzar a analizar la pregunta que titula este libro, desde una perspectiva personal.

Por ejemplo, analizar lo que te motiva a asumir y desempeñar responsabilidades de liderazgo. También reflexionar sobre el por qué en el proceso de construcción, desarrollo o rediseño del equipo a cargo, se busca en algunos casos la transformación de características ya arraigadas en algunos de estos integrantes, a fin de alinearlas a las expectativas planteadas.

Tener la responsabilidad de liderar un equipo, pone en juego el desafío de desarrollar un conjunto de habilidades personales, expectativas, aspiraciones y proyecciones.

---

[2] Profesor estadounidense, experto en liderazgo y administración de negocios.

Dado que el resultado de ese proceso reflexivo es amplio y muy diverso, no es posible definir aquí conclusiones generales, sí podemos pensar en algunos lineamientos para orientar dicho ejercicio de pensamiento.

Aquí entonces algunas posibles interrogantes para iniciar este ejercicio de introspección del líder:

- ¿Qué nos gratifica de este rol?

- ¿Que nos gratifica de nuestro equipo a cargo?

- ¿Qué desafíos me significa mi equipo?

- ¿Es un rol elegido y buscado, o propuesto y aceptado?

- ¿Por qué considero que es una responsabilidad alineada a mi perfil personal?

- ¿Qué feedback he recibido respecto a mi desempeño en este rol, desde el equipo y desde mi superior?

El darnos el tiempo para responder estas preguntas, nos orienta a identificar la gratificación en el desempeño de un rol y es parte de la visión que queremos plantear y promover.

Seguramente, hay más gratificaciones de las que celebramos o reconocemos a diario.

A partir de la identificación y comunicación de estos logros (independientemente del porte e impacto de estos), podemos trabajar en los desafíos o dificultades presentadas.

Los equipos están conformados por personas, cada una de ellas diferente, con su singularidad, aprendizajes, experiencias e historia, todo lo cual, entra en juego la hora de vincularse e integrarse a un equipo.

Lejos de desconsiderar o desestimar esta información, debemos relevarla, integrarla y analizar la alineación de esta con las condiciones, las expectativas, los objetivos y desafíos propuestos para ese equipo de personas.

Cuando un equipo transita por dificultades o conflictos, una perspectiva saludable, es comenzar analizando nuestro grado de responsabilidad ante esa situación, identificar qué se hizo o dejó de hacer para ello y cómo se hizo.

Si este ejercicio de introspección se antepone a cualquier conversación con el equipo, seguramente, las mismas sean más exitosas, ya que disminuirá la probabilidad de trasladar en otros las responsabilidades que son propias, y por consecuente de generar emociones y percepciones asociadas a dicha dispersión.

Las conversaciones en un rol como éste, serán parte de nuestro desempeño cotidiano, ya que lograr todos los desafíos que implica una posición de liderazgo solo es posible manteniendo conversaciones efectivas y constructivas con todos los involucrados en los procesos de trabajo.

Conversaciones que deben comprender como condición la capacidad de generar empatía (de ponerse en el lugar del otro), así como también, la orientación e interés por el entendimiento y la resolución de situaciones que involucran a otros.

Estas conversaciones, además de contemplar los atributos antes mencionados, es importante sucedan de manera oportuna y en contextos adecuados, para poder contribuir así a la posibilidad de generar y mantener vínculos de confianza, sólidos, maduros y sostenibles en el tiempo, lo cual será la clave de un posicionamiento y legitimización de un rol de estas características.

No debemos desestimar el valor de las conversaciones, y de la posibilidad de construir confianza a través de ellas, generando acciones alineadas a las necesidades y expectativas de los demás interesados y co-creando las soluciones a los desafíos que el equipo se enfrenta y/o proyecta.

Capítulo 3.
El desarrollo de habilidades personales en el ámbito laboral

"Lo que se necesita principalmente es habilidad en lugar de maquinaria".

Wilbur Wright[3]

El desarrollo de la psicología laboral ha permitido reconocer que, para el desempeño exitoso de las tareas y responsabilidades relacionadas al trabajo, no solo son importantes los conocimientos técnicos, la experiencia profesional generada y la formación, sino también, los

---

[3] Inventor estadounidense que, junto a su hermano Orville, fueron los inventores del aeroplano y realizan uno de los primeros hitos de la aviación: el primer vuelo a motor de la historia.

rasgos y características relacionadas al perfil personal, particularmente, aquellas habilidades que sean consideradas claves para el rol y funciones a desempeñar.

Algunas de ellas podrían ser: actitud hacia el trabajo, comunicación efectiva, relacionamiento interpersonal, resolución de conflictos, negociación, liderazgo, entre otras.

En este contexto, es que, desde hace décadas, se incluye como parte de los procesos de evaluación y selección de nuevos colaboradores, las instancias de evaluación psicotécnica. Estas instancias, cobran con el transcurrir de los años (y de la valoración de los resultados que generan), cada vez mayor relevancia y ponderación dentro de los procesos de evaluación, e incluso, de movilidad interna o promoción dentro de las Organizaciones.

Por este motivo, es cada vez más frecuente, escuchar por parte de los solicitantes de los procesos de contratación, la ponderación de las habilidades y características personales, por sobre las de formación o experiencia, argumentando para determinadas situaciones, la posibilidad de formar y capacitar en conocimientos técnicos, y no así, en habilidades tradicionalmente llamadas "blandas" o rasgos personales.

Cuando nos referimos al término de habilidades personales relacionadas al desempeño laboral, no es otra cosa que, las características y rasgos de cada individuo manifestados en el desempeño laboral, a través de la actitud hacia el trabajo, del desarrollo de las responsabilidades asignadas, logro de resultados y relacionamiento en la Organización.

Expresado en términos más concretos y de "requerimientos" que pueden observarse en diferentes convocatorias, serían características asociadas a: relacionamiento interpersonal (con pares, jefes, equipo a cargo, etc.), resolución de problemas o situaciones de stress, comunicación, toma de decisiones, liderazgo, organización y planificación de tareas, capacidad analítica, atención y concentración, orientación al detalle, orientación al cliente, entre otros.

A su vez, estos rasgos personales, comprenden un amplio abanico de comportamientos, los cuales vamos desarrollando y estructurando a lo largo de nuestra vida.

Los comportamientos son entonces, la forma en la que se manifiestan estos rasgos personales, y los cuales, a lo largo del desarrollo de la vida laboral, se irán identificando.

A su vez, a partir de instancias de evaluación (formal o informal), se irán diseñando y considerando los planes de desarrollo correspondientes, con el propósito de lograr una efectiva alineación de éstos con las condiciones, tareas y responsabilidades propuestas para la persona.

Estas habilidades y comportamientos asociados se desarrollan y se van estructurando desde nuestra infancia, concretamente desde los primeros años de vida. Durante el desarrollo evolutivo, vamos aprendiendo y aprehendiendo, a cómo actuar ante determinadas situaciones, todo lo cual, se va estructurando con el paso del tiempo. Es decir, se van estableciendo "estructuras" que determinan luego nuestra forma natural y espontánea de actuar, de resolver diferentes situaciones, de desarrollar ideas, de comunicarnos y relacionarnos. Esto es, lo que luego en la etapa adulta lo percibimos como la forma "natural", espontánea y genuina de cada individuo de actuar ante determinadas situaciones, lo que a veces describimos con frases como "él es así", o "yo soy así", "no comprendo lo que considerás que está mal de hacerlo así", "ya sabemos que siempre reacciona así".

En este sentido, nuestra infancia, es una etapa determinante en lo que refiere al desarrollo de nuestra personalidad (y por tanto de estos rasgos), todo lo cual, acompaña otro enorme mundo de aprendizajes.

Estas primeras etapas del desarrollo son determinantes, porque como base de la estructuración de nuestros rasgos de personalidad, participarán en la adquisición de aprendizajes en etapas futuras (adolescencia y adultez), y sobre todo, en nuestra actitud hacia el mundo, y dentro de éste, hacia el ámbito laboral.

Si consideramos entonces, la relevancia, factor determinante y protagonismo de los primeros años de nuestro desarrollo, para la estructuración de estos rasgos (habilidades o características personales), es que, se hace imprescindible pensar en la inclusión de este tipo de "aprendizajes" o estimulación, como parte de los programas y estrategias educativas, y no solo como un factor asociado en forma casi exclusiva a los valores que se van desarrollando en forma paralela o en el núcleo familiar.

Dicho de otra forma, de este análisis se podría inducir, la importancia de incluir a través de determinados abordajes (más amplios y multidisciplinarios), instancias con este propósito particular en el desarrollo de los planes de la educación tradicional.

Una de las primeras reflexiones sobre este tema, es justamente esta, la posibilidad de considerar el desarrollo de las habilidades personales, desde la primera infancia, ya que es allí, donde los rasgos de personalidad se están estructurando, y, por tanto, es una etapa privilegiada, fructífera y determinante en ese sentido.

Esta reflexión, alude a la temporalidad con la que debemos eventualmente considerar el desarrollo de rasgos personales, y junto con ello, las expectativas de "transformar" este tipo de características en etapas avanzadas de la adultez.

En este sentido, parece adecuado entonces que el diseño de los planes de desarrollo de habilidades en el ámbito profesional recaiga principalmente sobre los rasgos identificados como fortalezas, e invertir menos expectativas en planes de "transformación" de oportunidades. En esta línea iremos proponiendo posibles estrategias y abordajes.

Más allá de esta reflexión y proceso de desarrollo de estas habilidades en edades tempranas, ¿qué sucede en el mundo adulto, y concretamente en el ámbito laboral?

Capítulo 4.
El método DDA:
Diagnóstico, Definición y Acuerdo

Como en todo proceso de cambio y de transformación, la etapa inicial y de mayor relevancia para el éxito de dicho proceso, es la de **D**iagnóstico[4].

En este caso entonces, se hace necesario, antes de promover el desarrollo de habilidades personales por parte de algún integrante del equipo, identificar el punto de partida. Esto significa, conocer y comprender cuáles son esas habilidades y características a desarrollar y cuál es el nivel de "dispersión" o alejamiento respecto a lo definido como necesario o requerido, para luego compartirlo con la persona involucrada y validar su nivel de alineación respecto a nuestro diagnóstico inicial.

La siguiente instancia, es la de **D**efinición de expectativas, es decir, a dónde queremos llegar con este proceso, cuál es la motivación que lo genera y cómo vamos a medir el cumplimiento de dichas expectativas. Aquí, uno de los desafíos para la medición, monitoreo de avances y resultados, es la objetividad de los factores a evaluar. No generar evaluaciones subjetivas fundadas en percepciones,

---

[4] Diagnostico. término utilizado en su sentido amplio y no asociado a ninguna disciplina

sino por el contrario, en la definición de indicadores objetivos.

La siguiente y tercera instancia que es importante plantearnos, es la del **A**cuerdo. Dicha instancia tiene el objetivo de, a través de la explicitación de la información relevada en las etapas anteriores (Diagnóstico y Definición), compartir con la persona la percepción de las habilidades a desarrollar, dando contexto y fundamentación al correspondiente interés por un plan de desarrollo.

Será parte de esta instancia también, conocer su auto percepción y nivel de alineación entre lo planteado como plan de desarrollo respecto a habilidades personales y su percepción personal, para llegar luego con el adecuado nivel de convicción, a un acuerdo, respecto a las expectativas y objetivos a plantearse para el desarrollo de determinadas habilidades.

En este sentido, cuanto mayor sea el nivel de alineación entre la percepción que nosotros nos formamos y compartimos, el potencial que identificamos, la proyección que visualizamos, y su auto percepción respecto a todos estos aspectos, mayor será la probabilidad de tener éxito en este proceso de cambio.

Algunas consideraciones importantes para tener presentes:

- Para la etapa de **D**iagnóstico, un buen insumo a considerar, son las instancias de evaluación psicotécnica, (que se realizan como parte de los procesos de contratación o a veces de promoción), así como también las evaluaciones de desempeño generadas durante su trayectoria.

Dichas herramientas nos darán información objetiva respecto a fortalezas y oportunidades identificadas en relación con rasgos y características personales. Si bien, dichas evaluaciones no representan un estudio profundo de la personalidad, tienen un valor diagnóstico y también pronóstico para el desarrollo de las personas dentro de las Organizaciones.

En este sentido, se realizan devoluciones orientadas a las principales características/habilidades personales identificadas, y su relación con los requerimientos definidos para el puesto a desempeñar, así como también, cierta proyección relacionada a cómo podrían percibirse éstas en las actitudes cotidianas de la persona, y específicamente en relación con las tareas y responsabilidades asignadas.

- Al momento de diseñar y proponer procesos de desarrollo de habilidades, y definir expectativas respecto a los mismos, debemos pensar en objetivos alcanzables, medibles, y alineados al potencial que identificamos. Esto significa fundamentalmente, generar procesos de desarrollo coherentes con las posibilidades y alineados a las necesidades. Esto permitirá, además, una viabilidad mayor respecto al cumplimiento de estos, mitigando el riesgo de la frustración para cualquiera de las partes involucradas.

- Otro aspecto a considerar al momento del diseño de estos planes y procesos es que lo que se ha demostrado recurrentemente es, que la mayor rentabilidad (emocional y económica) de los mismos está dada cuando nos focalizamos en el desarrollo de las fortalezas identificadas, y en todo su potencial y no así, cuando el foco está puesto en revertir las oportunidades identificadas y transformarlas en fortalezas. El escenario de desarrollar fortalezas es más efectivo para todas las partes, ya que trabajamos en una zona de confort para la persona, lo cual hace que el nivel de frustración durante el proceso sea significativamente más bajo, logrando así resultados satisfactorios y a corto plazo.

De acuerdo con las consideraciones antes mencionadas, estos procesos se realizan en forma muy conjunta con el área de Recursos Humanos, y como todo proceso relacionado a dicha área deberá diseñarse a "medida de las necesidades".

Se deben poner los mayores esfuerzos en una correcta comprensión de la situación a abordar (**D**iagnóstico), de conocimiento de las expectativas involucradas (**D**efinición) y promover la alineación y articulación de intereses entre todas las partes (**A**cuerdo). En este sentido, un proceso diseñado y desarrollado de manera exitosa para un individuo, no significa que para otra situación (aunque parezca similar), sea igualmente exitoso o aplicable. En estos procesos se trabaja la "individualidad", es decir, rasgos personales, por lo que, se requieren estrategias diferentes.

Capítulo 5.
Apostar a más

Debido a la singularidad de cada individuo (y complejidad que implica comprender la misma), es que el éxito de los procesos de desarrollo de habilidades personales asociadas al ámbito laboral implica considerar y contemplar algunas variables importantes. A partir de dicha consideración, se podrá proyectar el nivel de resultados para cada persona.

Algunas de esas variables, se relacionan a: los niveles de tolerancia y apertura a los cambios, la resiliencia, la capacidad de introspección y permeabilidad. Dicho de otra forma, estas variables se relacionan a la capacidad de cada individuo para reconocer aspectos a desarrollar en sí mismo, identificando en dicho reconocimiento, un claro valor e interés en ese desarrollo, así como también, otros beneficios asociados a ese proceso.

Si hay un reconocimiento de que hay algo que podría hacerse diferente para lograr mayores y mejores resultados, posiblemente, sea un buen comienzo para un plan de desarrollo de habilidades personales.

Otro factor y variable para considerar en estos procesos transformadores y de desarrollo, es qué tipo de habilidades son las que estamos proponiendo desarrollar y qué expectativas nos estamos generando respecto a resultados (niveles de "cambio").

Hay situaciones donde estos planes de desarrollo de habilidades personales se perciben de forma más explícita. Tal es el caso, de las instancias relacionadas a procesos de evaluación y feedback del desempeño, promociones de cargo, nuevas asignaciones y asignaciones temporales.

En estos escenarios, se comparten y realizan señalamientos orientados a la identificación de "fortalezas" y "oportunidades de mejora" y luego del correspondiente intercambio asociado a las percepciones sobre estos aspectos, deviene la definición de objetivos de desarrollo profesional y diseño de planes de acción orientados al cumplimiento exitoso de los mismos. Es allí, donde surgen propuestas y acciones relacionadas a procesos de coaching, procesos de acompañamiento y desarrollo, capacitaciones, entrenamientos, entre otras instancias e instrumentos de desarrollo.

La pregunta que aquí surge está relacionada, a cómo generar planes de desarrollo de habilidades personales que sean efectivos, rentables emocional y económicamente, tanto a nivel personal, de líderes y de equipos.

El protagonismo de las Fortalezas

Cuando vemos planes de desarrollo profesional, o escuchamos determinados planteamientos, pareciera que las fortalezas son rápidamente mencionadas, y en el proceso hasta desestimadas, por considerarse que al tener esa categoría (la de fortalezas) no debiéramos preocuparnos ni ocuparnos de ellas.

Por el contrario, es en lo que más debiéramos preocuparnos y ocuparnos si lo que nos proponemos son cambios que tengan mayor eficiencia y rendimiento.

El comprender profundamente las fortalezas de cada persona, qué implican las mismas, cómo se manifiestan y que generan en su trabajo y en otros, es lo que nos permitirá reforzarlas, desarrollarlas y lograr más y nuevos resultados a partir de las mismas.

Es un ejercicio que le propone a la persona, primeramente, reconocer dichas características como habilidades y fortalezas, poder evaluar la potencialidad de las mismas, y las posibilidades de aplicación para el logro de más y nuevos resultados.

Saber por qué me destaco en mi trabajo y cómo puedo desarrollar mayor valor a partir de allí, es más "rentable" emocional y económicamente, que, empeñarnos en transformar las debilidades en fortalezas.

Si el camino a realizar es el contrario, es decir, reparar en las "oportunidades de mejora" o "debilidades" para transformarlas, nos estamos exponiendo a escenarios de frustración, pérdida de auto estima, esfuerzos mayores y posibilidades de fracaso.

Considerar y trabajar en el desarrollo de la autoestima, a través, de las habilidades y fortalezas de cada persona, contribuye, no solo al desempeño laboral efectivo, sino también, a procesos de reconversión laboral más asertivos, los cuales parecen ser cada vez más necesarios.

Dichos procesos son y serán cada vez más, parte de muchas Organizaciones y de los procesos de trabajo, respondiendo a las nuevas necesidades y características de la nueva revolución del trabajo que desde ya hace un tiempo estamos viviendo y transitando.

¿Qué son las fortalezas personales?

Podemos definir las fortalezas como aquellas habilidades, destrezas y características que se destacan como virtud en nuestra personalidad. En la singularidad de cada individuo se pueden identificar diferentes habilidades, y manifestarse todas ellas de manera diferente.

En muchas oportunidades se asocian las fortalezas con los valores, es decir, la honestidad, la capacidad para generar confianza, la solidaridad, entre otras, pero hay fortalezas que se visualizan en un plano más operativo, de gestión o pragmático, como lo son la capacidad para comunicarse de manera efectiva, o para la organización y planificación de tareas o proyectos, para la concentración y orientación al detalle, y así podemos enumerar muchas más.

En el ámbito laboral pensar en estos aspectos es fundamental para poder "proyectar" o visualizar a una persona en un cargo. Es decir, si somos capaces de generar condiciones de trabajo alineadas a las fortalezas, y mejor aún, que potencien las mismas, vamos a lograr un desempeño más efectivo y exitoso.

Esto nos lleva a pensar en muchas de las situaciones que se dan en el ámbito del trabajo, y que tienen que ver con enunciados como *"la persona no funcionó, no se adaptó"*, *"la persona no era para este puesto"*.

Allí, es donde debemos preguntarnos, si esa consecuencia es solo responsabilidad de la persona, o si en conjunto con ello, también hay responsabilidades asociadas a las asignaciones, decisiones y condiciones generadas.

Considerando el abordaje propuesto en este libro, podemos decir que, en muchas de las situaciones de "crisis laboral" no se trata de "perfiles no competentes" en un sentido amplio, sino, de condiciones no adecuadas o que no favorecen el desempeño satisfactorio.

Esos desajustes entre el perfil, con sus fortalezas y características y las funciones asignadas, generan una exposición a situaciones que requieren destrezas y exigencias que no forman parte de su "perfil de habilidades y fortalezas" y por ello, las dificultades o mayores niveles de dependencia.

En muchas ocasiones se insiste en situaciones como la antes mencionada, ya que las intenciones son generar oportunidades de crecimiento o desarrollo, subestimando por momentos la baja eficiencia de la exposición a condiciones que no potencian las fortalezas de la persona, sino que, por el contrario, exigen el desarrollo de otras habilidades no predominantes.

Identificar adecuadamente, potenciar y desarrollar fortalezas, no es siempre una tarea sencilla. Por ese motivo, cuando una característica es identificada como fortaleza y destreza, hay que comenzar a desarrollarla en **modo "espiral"**.

Esto significa que, se pueda ir proponiendo tareas y responsabilidades que estén alineadas a las mismas. En otras palabras, es una tarea altamente estratégica pensar qué tareas son las más adecuadas, no enmarcándolas estrictamente a roles predefinidos. Es decir, no pensar únicamente que, las personas se adapten al rol que se definió, sino, comprender el valor que cada uno puede aportar en ese sentido, y desarrollar todo el potencial descubriendo tareas muchas veces asociadas, pero no comprendidas estrictamente en esa definición inicial.

Esta es una de las claves para el desarrollo de perfiles exitosos en cada equipo, no forzar que se adapten 100% a lo predefinido como rol, sino, pensar en un conjunto de funciones asociadas al mismo pero que en algunos casos trasciendan los límites a veces establecidos estrictamente entre los roles específicos.

Este ejercicio implica además en algunas ocasiones, pensar en esquemas de complementariedad dentro y fuera del equipo. Complementariedad asociada a aquellas tareas que requerirán apoyo para la persona ya que no se alinean a las fortalezas identificadas, y no será el propósito exponerla en forma considerable.

Este ejercicio implica también, romper con algunos paradigmas de que las personas deben adaptarse al rol, proponiendo, por el contrario, un esquema más flexible dónde se adapta el perfil de la persona (con sus fortalezas, valor y potencialidad), a las necesidades del equipo y de la Organización toda, no pensando en forma estructurada al momento de la asignación sino en forma estratégica y de mapa de fortalezas. Esto implica en un sentido más amplio, no solo repensar roles, sino también repensar las estructuras de los equipos.

¿Qué son las debilidades u oportunidades personales?

A las características personales que no representan una fortaleza o habilidad destacada, se las ha denominado "debilidades", luego ese término se fue sustituyendo por el de "oportunidades", y con esa nomenclatura, es que surge la asociación con el desarrollo de esas oportunidades para transformarlas en habilidades o destrezas.

En relación con lo explicitado anteriormente, en algunos casos las "debilidades" se amplifican por condiciones que desde las Organizaciones mismas se generan, o, dicho de otra manera, no hay posibilidades desde la asignación de tareas y responsabilidades manifestar, demostrar y menos aún desarrollar las fortalezas.

Esto significa que, se trata de un trabajo de identificación profunda el que hay que realizar, para luego generar las condiciones que más favorezcan el desempeño y actitud hacia el trabajo por parte de cada integrante del equipo.

Es un "arte" el de seleccionar los colaboradores con las habilidades adecuadas para los desafíos, siendo este proceso clave no solo para un desempeño exitoso, sino también para el cumplimiento de objetivos y rentabilización del negocio. Es por ello, que en dichos procesos de evaluación y contratación es necesario que participen desde el inicio (desde la definición del perfil) hasta las decisiones finales, los referentes para esos desafíos, concretamente la persona a la que reportará y tendrá la responsabilidad de velar por el desempeño exitoso de esos nuevos colaboradores, así como por el desarrollo de ese talento dentro de la Organización.

Este desafío no es exclusivo de las etapas de incorporación, sino que se trata de un proceso continuo que allí se inicia, que tendrá algunos momentos más visibles o de definiciones (tales como situaciones de promoción o reubicación) y otros más estables o más silenciosos.

Capítulo 6.
Algunos aportes prácticos

¿En qué medida incluimos prácticas orientadas a identificar las habilidades del equipo, y proponemos acciones para trabajar en el desarrollo de estas?

Tal como se viene mencionando a lo largo de este libro, es importante comenzar a reparar y detenernos en estas habilidades personales, ya que incidirán en el cómo cada persona desempeña su trabajo, se relaciona con la Organización y se desarrolla dentro de la misma.

Por este motivo, la posibilidad de comenzar asumiendo la relevancia de este abordaje desde la incorporación de cada integrante en adelante, es una de nuestras principales misiones con este libro.

Además de la identificación, reconocimiento y explicitación de estas habilidades y fortalezas, se hace importante orientar el diseño y desarrollo de procesos y prácticas en este sentido, por ejemplo, los relacionados a asignación de tareas y responsabilidades, composición del equipo a integrar, niveles de exposición, de toma de decisiones, estilo de liderazgo al que va a reportar, entre otros.

En este sentido, comparto a continuación, una muy breve y sencilla herramienta para comenzar a dimensionar la consideración actual que se realiza desde la práctica de cada uno hacia este enfoque.

Esta es una herramienta de autoevaluación de prácticas, la cual también puede ser aplicada y utilizada para el diagnóstico en equipos de conducción.

Acción	Siempre	Casi siempre	Casi nunca	Nunca
Se realizó alguna instancia de evaluación de habilidades personales al momento de contratar un nuevo integrante al equipo.				
Se realizó alguna instancia de evaluación de habilidades personales al momento de promover a un integrante del equipo.				

Se realizó instancias de evaluación y feedback del desempeño que incluyen la sección de habilidades personales.				
Incluye dentro de los planes de desarrollo profesional, instancias orientadas al desarrollo de habilidades personales.				
Los planes de desarrollo profesional que se proponen tienden a la transformación de las debilidades en habilidades y destrezas				
Los planes de desarrollo profesional que se proponen tienden a potenciar y desarrollar las fortalezas identificadas				
El feedback recibido en				

relación con las características y habilidades personales se ponderan de igual manera que las habilidades técnicas al momento de una contratación.				
El feedback recibido en relación con las características y habilidades personales se ponderan de igual manera que las habilidades técnicas al momento de una promoción interna.				

Generar conversaciones con el equipo, y profundizar en ellas:

La invitación aquí es a reflexionar respecto a las oportunidades de generar conversaciones oportunas, constructivas y fortalecedoras del vínculo con nuestro equipo.

Hay diferentes situaciones que generan la necesidad de proponer una conversación, en algunos casos, será una conversación espontánea, y en otros planificada y con determinada preparación.

Lo importante aquí, es considerar que, las conversaciones oportunas, con actitud receptiva, escucha activa e intercambio constructivo, posibilitan el fortalecimiento de los vínculos, reforzando confianza, empatía y búsqueda de información en lugar de construcciones e interpretaciones subjetivas.

Como mencionamos, las conversaciones se generan, o se dan, de diferentes formas en diferentes momentos, pero hay algunos conceptos claves que pueden ayudarnos a, que cuando se den puedan ser lo más efectivas posibles.

-Preguntar para comprender, en lugar de cuestionar subjetivamente:

Parece un juego de palabras, pero la pregunta oportuna y con intención sincera de comprender motivos, fundamentos o datos que correspondan, nos aportará información para comenzar a construir una opinión o una percepción adecuada, en lugar del cuestionamiento dado por una interpretación anticipada y por tanto subjetiva.

Esta diferencia respecto al abordaje de las conversaciones nos permite comprender motivos y percepciones de otros, en lugar de compartir solo conclusiones personales y muchas veces subjetivas. Si las conversaciones se plantean en forma "unidireccional", en el sentido de compartir una conclusión o idea predeterminada, posicionamos a la otra parte en un lugar "defensivo", intentando en todo el transcurso de la conversación desarticular las conclusiones planteadas, dar explicaciones sin poder compartir información considerada también relevante para la comprensión adecuada.

Esto puede sucedernos también a nosotros como generadores de las conversaciones, me refiero al hecho de encontrarnos en algunas oportunidades con que la conversación que estamos teniendo es lo que puede denominarse como "circular", en el sentido de, que solo estamos dando explicaciones a un conjunto de preconceptos y conclusiones subjetivas sin poder mantener un intercambio constructivo realmente.

Si logramos percibir que la conversación está teniendo esta dinámica (situación no sencilla), podemos explicitarlo para modificar ese mecanismo. La forma no es otra que poner esta percepción en palabras, o sea, "siento que, solo estamos hablando de lo que has planteado como conclusiones o juicio de valor, sin tener aún una oportunidad real de compartir mi percepción al respecto y la información que considero puede aportarnos a comprender los hechos e intenciones…"

La subjetividad, las percepciones y otros aspectos personales siempre estarán presentes en las conversaciones, y por ello, algunas no son sencillas de llevar adelante.

De todas formas, el poder des articulador y constructivo que tienen las conversaciones, hacen que sean la herramienta por excelencia para la convivencia saludable, el trabajo constructivo y el desarrollo del potencial de los equipos.

El darles el espacio oportuno y adecuado a las conversaciones, nos permite entre otros beneficios: el anticiparnos a posibles conflictos, desarticular rumores o información incorrecta, intercambiar ideas para el desarrollo de proyectos o procesos, compartir información oportuna para la resolución de problemas y transitar los momentos de conflicto de manera madura y más exitosa.

También es posible que, así como hay conversaciones que es importante generar, promover o responder, haya otras que debamos interrumpir. Esta última expresión, refiere a, que, en alguna oportunidad, la única propuesta que encontremos para lograr una conversación constructiva y saludable sea la de proponer un tiempo de reflexión personal para luego retomarla.

Estas situaciones refieren a cuando identificamos que el tono de la conversación se está tornando "destructivo", en el sentido de agresivo o hiriente, que la conversación parece estar manifestando emociones que puedan estar relacionadas a situaciones colaterales y no solo al "motivo" de la conversación.

El darnos y dar un tiempo de reflexión puede ayudarnos a entender de qué estábamos conversando realmente, en el sentido de comprender si había en los planteos recibidos o realizados algún "reclamo" subyacente, que por algún motivo (muchas veces por no ser conscientes de ello), no se estaba ponderando en esa conversación.

Además del tiempo de reflexión personal, a veces, son procesos éstos que requieren la participación de otros "actores", o de una propuesta diferente previa a la siguiente conversación.

Una posibilidad es, por ejemplo, acordar los temas, puntos y contenidos de la siguiente conversación de manera concreta.

Definir los acuerdos esperables al finalizar esas instancias, y la invitación a manifestar otros aspectos que estén generando estos comportamientos (más allá de los relacionados a los temas en discusión) son también acciones que contribuyen a conversaciones constructivas.

Cuando hacemos referencia a "otros temas subyacentes", o emociones sobredimensionadas en relación al tema explicitado, nos referimos concretamente a, que en ocasiones, si no hubieron espacios suficientes asociados a conversar sobre determinados procesos de cambio o vinculares entre el equipo, y solo tenemos las instancias que son de coordinación de tareas, allí seguramente emerjan manifestaciones asociadas a las emociones que generan esos procesos, como puede ser incertidumbre, ansiedad, entre otros.

Capítulo 7.
Reflexión final

El considerar que las personas tienen su singularidad, y que no podemos ignorar o desestimar la misma en procesos relacionados a la gestión de su desempeño y desarrollo de su potencial, considero es el inicio de un enfoque saludable respecto al desarrollo de habilidades personales en relación con el trabajo.

Si bien a lo largo del libro se menciona alguna terminología asociada a psicología laboral, vale aclarar que no necesariamente hay que contar con esta formación profesional para considerar un abordaje de estas características, es decir, todos quienes tengan el desafío de liderar equipos de trabajo de alto desempeño, podrán proponerse desarrollar este enfoque e invertir en desarrollos efectivos de las personas, los cuales redundarán en resultados satisfactorios a nivel de las personas y de los equipos.

Si luego de leer este libro, te estás preguntando con qué profundidad reparaste en la identificación y desarrollo de las fortalezas de tu equipo, y la relación o comparación de ello respecto al foco en las debilidades y propuestas de transformación, es una enorme gratificación.

Este abordaje o enfoque del desarrollo de habilidades también tiene como principal propósito la gratificación, ya que ese equilibrio entre las frustraciones y gratificaciones se dará en mejor medida si orientamos nuestros esfuerzos y expectativas hacia el fortalecimiento de lo que representa una habilidad o rasgo destacable en nuestro desempeño y no tanto así en aquellas características que no nos generan satisfacción ni comodidad a la hora de ejercerlas.

En definitiva, de eso se trata también el mundo del trabajo, en encontrar las gratificaciones en los pequeños y grandes logros, en transitar un proceso de superación personal dónde la única referencia para ello somos nosotros mismos.

Es decir, proponernos objetivos alcanzables y motivantes, que nos den satisfacción y al mismo tiempo, refuercen el entusiasmo y convicción en el desarrollo de nuestras potencialidades, generando cada vez más y mayor productividad en nuestro desempeño.

Es importante proponernos desafíos año a año, que nos demuestren el alcance de nuestras potencialidades y nos entusiasmen a continuar superándonos.

I want morebooks!

Buy your books fast and straightforward online - at one of world's fastest growing online book stores! Environmentally sound due to Print-on-Demand technologies.

Buy your books online at
www.morebooks.shop

¡Compre sus libros rápido y directo en internet, en una de las librerías en línea con mayor crecimiento en el mundo! Producción que protege el medio ambiente a través de las tecnologías de impresión bajo demanda.

Compre sus libros online en
www.morebooks.shop

KS OmniScriptum Publishing
Brivibas gatve 197
LV-1039 Riga, Latvia
Telefax: +371 686 204 55

info@omniscriptum.com
www.omniscriptum.com